KINDERBIBLIOTHEK

Pommes frites, das knusprigste Gemüse der Welt

MOEWIG

Ein farbiges BUSSI-BÄR-KINDERBUCH für glückliche Kindertage

Originalausgabe
© 1994 by Rolf Kauka und Verlagsunion
Erich Pabel-Arthur Moewig KG, Rastatt
© 1994/1967 Bussi-Bär und Bello by Rolf Kauka

Konzeption, Layout, Redaktion:
Bernd Gärtig in Zusammenarbeit mit McCain
und The Food Professionals, 45549 Sprockhövel
Illustrationen: Ana Merino
Umschlagidee: Bernd Gärtig
Umschlaggestaltung:
Werbeagentur Zeuner, Ettlingen
Umschlagillustration: Ana Merino
Druck und Bindung: Printer Portuguesa, Lissabon

Auslieferung in Österreich;
Pressegroßvertrieb Salzburg Gesellschaft m. b. H.,
Niederalm 300, A-5081 Anif, Österreich
Printed in Portugal 1994

ISBN 3-8118-4476-8

Inhalt

Pommes frites mit bunten Paprikaspießen ___ 7
Pommes frites mit Vitaminen _____ 11
Knusprige Pommes frites mit Lauchkarottengemüse 14
Pommes frites mit gefüllten Tomaten _____ 16
Hähnchenkeule mit Paprikagemüse
und knusprigen Pommes frites _____ 21
Vitaminreicher Tomatenjoghurt und
Zitronenjoghurt für knusprige Pommes frites __ 26
Pommes mit Fenchel-Bleichsellerie-Gratin ____ 32
Roastbeef mit gebackenen
Tomaten und 1.2.3 Chef Frites _____ 38
Kunterbunte Southern Fries _____ 43
Die Kartoffel und Pommes frites _____ 49
Wie entstehen Pommes frites? _____ 57
Golden Longs zu Bussis gefüllten Champignons 62
Die roten Tomaten _____ 66
Chef Frites mit Tomaten-Potpourri _____ 70
Pommes frites sind gesund _____ 75
Golden Longs mit Tomaten marinati _____ 76
Frites mit grünen Tomaten und allerlei Dips ___ 82
Gebackener Feta-Käse mit 1.2.3 Frites _____ 86
Bussis Frühlingstraum
mit Hühnerbrüstchen und Pommes _____ 90

Vorwort

Kochen macht allen Kindern sehr viel Spaß, und bereiten die Kinder ihre Lieblingsgerichte wie Pommes zu, so ist die Freude riesig.
Die Kinderzeitschrift Bussi-Bär, die erste wissenschaftlich empfohlene Spiel- und Vorschule, hat für alle ihre Freunde ein ideenreiches und informatives Buch über Pommes frites, das knusprigste Gemüse der Welt, zusammengestellt. Neben den köstlichen Pommes-frites-Gerichten bietet dieses Buch einen Einblick in die Geschichte der Kartoffeln und informiert kindgerecht über die Entstehung der Pommes frites in der Fabrik sowie über den Nährwertgehalt von Kartoffeln und Pommes frites.
Die verständlichen Illustrationen helfen jedem Vor- und Grundschulkind, die Entstehung der Pommes-frites-Gerichte, die gesund sind und den Kindern köstlich schmecken, zu verstehen und nachzuvollziehen.
Lassen Sie sich von den Wünschen Ihres Kindes überraschen, und kochen Sie zusammen mit Ihrem kleinen Liebling die Pommes-frites-Ideen.

Viel Spaß mit diesem ideenreichen
Pommes-frites-Kochbuch wünscht
allen Kindern in der Welt die
BUSSI-BÄR-Redaktion

Pommes frites mit bunten Paprikaspießen

Zuerst wäscht Bussi gründlich die Paprikaschoten, die frischen Champignons und die Salatgurke.

Bussi-BärsZutaten für vier bunte Paprikaspieße mit Pommes frites:

500 g McCain 1.2.3 Pommes frites
2 rote ungespritzte Paprikaschoten
400 g frische Champignons
1 ungespritzte Salatgurke
2 Eßlöffel Sonnenblumenöl
eine Prise Curry
1 Becher fettarmer Joghurt

Bussi-Bär halbiert die gewaschenen roten Paprikaschoten, entfernt die Samen und schneidet sie in Stücke. Danach putzt er die Champignons und schneidet die gründlich gewaschene Salatgurke in dünne Scheiben.

Die geschnittenen Gemüsestücke liegen bereit, und Bussi-Bär steckt abwechselnd die Paprikastücke, die Gurkenscheiben und die Champignons auf die Spieße. Die Gemüsespieße bestreicht Bussi mit Sonnenblumenöl.

Bussi-Bär legt die Gemüsespieße zu den
Pommes frites auf das Backblech.
Nach zwanzig Minuten nimmt Bussi-Bär die Spieße
und die Pommes frites aus dem Backofen und
serviert sie mit fettarmen Joghurt.

Pommes frites mit Vitaminen

Pommes frites mit Salat sind sehr gesund. Und es ist ein leckers und vitaminreiches Mittagessen zu jeder Jahreszeit.

Bussi-Bärs Zutaten für vier Portionen Gemüse mit Pommes frites:

500 g McCain 1.2.3 Pommes frites
200 g frische Tomaten
1 kleine ungespritzte Salatgurke
1 kleiner Kopfsalat
etwas Petersilie
Sahnedressing

Die Tomaten liegen bereit, und Bussi-Bär wüscht die Tomaten, die Salatgurke und die Salatblätter. Bello schaut genau zu, wenn sein großer Freund dieses leckere Essen zubereitet. Danach schneidet Bussi-Bär die Salatgurke in Scheiben.

Bussi-Bär entfert das obere Grün der der gewaschenen Tomaten und achtelt sie. Danach hackt er die Petersilie und bereitet den Salat mit dem Sahnedressing und der Petersilie in einer Schüssel zu.

Bussi-Bär nimmt die Tüte mit den Pommes frites aus dem Gefriefach seiner Kühltruhe und breitet sie auf einem Backblech aus.
Danach schiebt er das Backblech in den vorgeheizten Backofen und backt die Pommes frites zwanzig Minuten bei 220 Grad.
Danach nimmt er das Backblech mit den knusprigen Pommes frites heraus, läßt sie ein klitzekleines Weilchen abkühlen und, schüttet sie in eine Schüssel und fügt eine kleine Prise Salz hinzu. Endlich liegt alles bereit und Bussi-Bär serviert seinen Salat mit den Pommes frites.
Bello mag dazu gerne Sahnedressing mit Petersilie.

Knusprige Pommes frites mit Lauchkarottengemüse

Bussi-Bärs Zutaten für vier Portionen
Gemüse mit Pommes frites:

500 g McCain 1.2.3 Frites
500 g ungespritzte Karotten
250 g Lauch
etwas Petersilie
1 Becher fettarmen Joghurt
1 Eßlöffel Sonnenblumenöl
eine Prise Salz
etwas Pfeffer

Bussi-Bär wäscht zuerst den Lauch, putzt ihn und schneidet ihn in Scheiben. Danach wäscht und schält Bussi-Bär die Karotten und schneidet diese ebenfalls in Scheiben. Etwas Sonnenblumenöl erhitzt er in einem Topf und gibt dann das Gemüse hinzu. Die Pommes frites bereitet Bussi-Bär im Backofen genau nach der Packungsanleitung zu und serviert die knusprigen Pommes und das vitaminreiche Gemüse mit fettarmem Joghurt, angereichert mit Petersilie.

Pommes frites mit gefüllten Tomaten

Zuerst wäscht Bussi-Bär gründlich
die vier ungespritzten Tomaten.

Bussi-Bärs Zutaten für vier Portionen:

200 g McCain 1.2.3 Frites
4 ungespritzte Tomaten
100 g Champignons
2 kleine Zwiebeln
4 Eßlöffel fettarmer Joghurt
etwas Basilikum
eine Prise Pfeffer
etwas Salz

Bussi-Bär trocknet die Tomaten ab, schneidet die
Deckel ab und entfernt das Grün der Deckel.
Danach höhlt Bussi-Bär die Tomaten mit einem

Teelöffel aus und füllt das Tomatenmark in eine
Schüssel. Mit dem Tomatenmark wird Bussi-Bär
eine Tomatensuppe mit Reis oder
Buchstabennudeln kochen.
Je nachdem, was Bello gerne essen mag.
Auch kann Bussi-Bär mit dem Tomatenmark, einem
geriebenen Apfel und etwas Honig einen leckeren
Tomatenketchup zubereiten.
Die ausgehöhlten Tomaten läßt Bussi-Bär
umgedreht fünf Minuten abtropfen.

Bussi-Bärs Rezepttip für das Tomatenmark:
Auf der Seite 26 findest du eine Rezeptidee für das
Tomatenmark deiner ausgehöhlten Tomaten.

Bussi-Bär putzt die Champignons, schneidet sie in kleine Stücke, zieht die Zwiebel ab und würfelt sie. Er mischt Champignons und Zwiebel mit Joghurt, würzt alles und füllt die Tomaten.

Danach legt Bussi-Bär den gefüllten Tomaten die Deckel auf, und er setzt sie zusammen mit den Pommes frites auf ein Backblech.

Bussi-Bär schiebt das Backblech mit den gefüllten Tomaten und den Pommes frites in den vorgeheizten Backofen.

Backzeit:
20 Minuten im
vorgeheizten
Backofen bei
225 Grad.

Nach zwanzig Minuten sind die
gefüllten Tomaten und die Pommes frites fein
knusprig gebacken, und Bussi- Bär serviert dieses
köstliche Gericht.

Bussi-Bärs Tip:
Bitte fasse niemals alleine das heiße Backblech mit den gebackenen Pommes frites an.
Das soll deine Mami oder dein Papi machen, und sie werden immer dabei ihre Backhandschuhe anziehen.

Hähnchenkeule mit Parikagemüse und knusprigen Pommes frites

Bussi-Bär würzt die abgetrockneten Hähnchenkeulen.

Bussis Zutaten für vier Hähnchenkeulen:

400 g McCain 1.2.3 Frites
4 bratfertige mittelgroße Hähnchenkeulen
1 gelbe Paprika
1 rote Paprika
3 Eßlöffel Sonnenblumenöl
etwas süßes Paprikapulver
eine Prise Salz
eine Tasse Hühnerbrühe

Bussi-Bär wäscht zuerst die Paprika, halbiert sie und schneidet sie in feine Streifen.
Dann erhitzt Bussi-Bär das Sonnenblumenöl in einem großen Topf und dünstet darin die Paprikastreifen an.
Die gewürzten Hähnchenkeulen legt er auf das Gemüse und streut noch etwas Salz und Paprikapulver darüber.
Bussi-Bär gießt noch eine Tasse Hühnerbrühe darüber und verschließt die große Pfanne mit einem Deckel.
Die Hähnchenkeulen und das Paprikagemüse läßt er etwa fünfundzwanzig Minuten dünsten.

Die Pommes frites nimmt Bussi-Bär aus der Gefriertruhe und schüttet sie auf ein Backblech. Er backt sie genau nach der Packungsanleitung.

Nach zwanzig Minuten sind die Pommes frites knusprig goldbraun gebacken, und Bussi-Bär zieht seine Backhandschuhe an und nimmt das Backblech aus dem Backofen.

Er schüttet die Pommes in eine Schüssel
und streut etwas Salz darüber.
Dann richtet er die Pommes und die
Hähnchenkeulen auf einem Teller an und gibt die
Gemüsestreifen und die Hühnerbrühe darüber.

Dieses abwechslungsreiche Pommes frites-Gericht
mit den zarten Hähnchenkeulen schmeckt nicht nur
den kleinsten Freunden von Bussi-Bär.

Bussi-Bärs Tip:
Wähle das Gemüse entsprechend seinen Reifezeiten. So schmeckt ein Kohlrabikarottengemüse oder ein Wirsinggemüse köstlich zu den Pommes frites mit den angedünsteten Hähnchenkeulen. Auch können die Hähnchenkeulen nach der Andünstzeit noch für acht Minuten im Backofen gemeinsam mit den Pommes frites gebacken werden.

Vitaminreicher Tomatenjoghurt und Zitronenjoghurt für knusprige Pommes frites

Tomatenketchup in vielfältigen Geschacksrichtungen gibt es im Supermarkt zu kaufen. Ebenso Mayonnaise, Remouladensoße und andere heimliche Dickmacher.
Deshalb bereitet Bussi-Bär gerne seinen leckeren Tomatenjoghurt und seinen herzhaften Zitronenjoghurt zu. Es ist einfach und macht Spaß. Tomatenmark von ausgehöhlten Tomaten kannst du zusätzlich zu den angegebenen Zutaten verwenden, falls du wie Bussi-Bär Tomatenjoghurt für acht Portionen zubereiten möchtest.

Bussi-Bärs Zutaten für Tomatenjoghurt:

4 ungespritzte und reife Tomaten
1 Becher fettarmer Joghurt
eine Prise Meersalz
etwas edelsüßes Parikapulver
1 Teelöffel Honig

Bussi-Bärs Zutaten für Zitronenjoghurt:

1 Becher fettarmer Joghurt
1 ungespritzte Zitrone
etwas Dill und Petersilie

Zu beiden Dips benötigt Bussi-Bär:

einen kleinen Kopfsalat
500 g McCain 1.2.3 Frites

Zuerst bereitet Bussi-Bär die Tomatenmasse zu und mixt sie mit dem fettarmen Joghurt.

Und so wird's gemacht:
Die Tomaten waschen, von den Sielansätzen befreien und überbrühen. Anschließend enthäuten und kleinschneiden und in einem Kopf etwa 15 Minuten dünsten.
Die entstandene cremige Tomatenmasse kann nun mit Tomatenmark von ausgehöhlten Tomaten angereichert werden. Anschließend alles pürieren und mit Honig und dem edelsüßen Paprikapulver abschmecken.

Die gut gemixte Tomatenjoghurtcreme stellt Bussi-Bär in den Kühlschrank.

Bussi-Bär wäscht gründlich die Zitrone und halbiert sie. Er wäscht ebenso den Dill und die Petersilie und hackt die Kräuter sehr fein. Danach preßt Bussi die beiden Zitronenhälften aus und fügt den Zitronensaft und die gehackten Kräuter dem fettarmen Joghurt zu.

Bussi-Bär mixt alles sehr gut und stellt seinen Zitronenjoghurt mit Kräutern bis zum Gebrauch in den Kühlschrank.

Gerne bereitet Bussi-Bär für seinen Tomatenjoghurt und für seinen Zitronenjoghurt ein grünes Salatbett zu. Da er nur zwei Salatblätter für jede Portion benötig, entfernt Bussi-Bär nur die benötigten Salatblätter von dem Kopfsalat und wäscht sie gründlich.
Den nicht benötigten Salatkopf legt er zurück in den Kühlschrank.

Bussi-Bärs bunte Variante:
Anstatt ein Salatbett kannst du auch ein Gurkenbett aus dünnen Gurkenscheiben legen oder für den Zitronenjoghurt ein rotes Möhrenbett. Dabei schneidest du die angedünsteten Möhren in schmale Streifen. Oder du legst ein Bett aus gelben süßen Paprikastreifen.

Und während Bussi-Bär seinen gekühlten
Tomatenjoghurt und seinen herzhaften
Zitronenjoghurt auf den Salatbetten ausbreitet,
backt er genau nach Packungsanleitung die
McCain 1.2.3 Frites.

Knusprige Pommes Frites mit Fenchel-Bleichsellerie-Gratin und Tomatensauce

Bussi-Bärs Zutaten für vier Portionen:

750 g Gemüsefenchel	1 Dose Tomaten
750 g Bleichsellerie	125 ml Brühe
Zitronensaft	etwas Salz
2 Eßlöffel Butter	eine Prise Pfeffer
1 Zwiebel	Thymian
1 Knoblauchzehe	Basilikum
1 Möhre	200g Mozzarella
1 Teelöffel Öl	

1 Packung von 750 g McCain 1.2.3 Frites

Zuerst putzt Bussi-Bär den Sellerie. Er entfernt die Wurzeln und die grünen Blätter und schneidet ihn in kleine Stücke.
Dann entfernt er die Außenblätter von dem Fenchel und wäscht die Knollen. Bussi-Bär halbiert sie und schneidet die Kerne heraus.

Bussi-Bärs Gemüsetip:
Bussi-Bär variiert dieses Pommes-Vitamin-Gericht gerne mit Lauch und Kohlrabi anstelle von Sellerie und Fenchel

Bussi-Bär läßt die Selleriestücke und den Fenchel 10 Minuten in Salzwasser garen, halbiert die Zitrone und preßt den Saft in das Salzwasser. Danach schüttet er das Wasser ab und schichtet Fenchel und Sellerie in eine gefettete Auflaufform.

So bereitet Bussi-Bär die Tomatensauce zu:
Bussi-Bär zieht Zwiebel und Knoblauchzehe ab, hackt sie fein, schält und schneidet die Möhre in Scheiben. Er dünstet das Gemüse im erhitzten Öl und fügt Tomaten mit Flüssigkeit und Brühe hinzu.

Dann würzt Bussi-Bär alles und läßt es 10 Minuten kochen.

Bussi-Bär bereitet die Hälfte der 1.2.3 Frites nach Packungsanweisung im Backofen zu.

Bussi-Bär gibt die Tomatensauce über den Fenchel und belegt alles mit Mozzarella-Streifen.

Das Fenchel-Bleichsellerie-Gratin mit der Tomatensauce und den Mozzarella-Streifen wird im Backofen bei 180 Grad 35 Minuten überbacken.

Danach serviert Bussi-Bär dieses köstliche Gemüse mit den knusprigen Pommes frites.

Roastbeef mit gebackenen Tomaten und 1.2.3 Chef Frites

Bussi-Bärs Zutaten für vier Portionen:
1 Packung McCain 1.2.3 Chef Frites (750 g)
4 frische Tomaten
100 g geriebenen Gouda
100 g Mayonnaise
1 Becher fettarmer Joghurt (150 g)
1 kleine grüne Paprikaschote
1 Zwiebel und 1 Knoblauchzehe
2 Eßlöffel gemischte Kräuter
etwas Salz und Pfeffer
8 Scheiben Roastbeef

Bussi-Bär entfernt die grünen Stielansätze der Tomaten und wäscht sie gründlich, trocknet sie ab und ritzt sie oben kreuzweise ein. Dann setzt er sie zusammen mit den Chef Frites auf ein Backblech. Die nicht benötigten Chef Frites friert Bussi-Bär ein. Ehe Bussi-Bär die Pommes und die Tomaten in den vorgeheizten Backofen schiebt, bestreut er die eingeritzten Tomaten mit dem geriebenen Gouda. Die Tomaten sollen nur 10 Minuten garen. Die Chef Frites bereitet Bussi-Bär genau nach Packungsanweisung zu.

Während die Tomaten und die Chef Frites garen, bereitet Bussi-Bär die Joghurt-Mayonnaise-Sauce zu. Zuerst wäscht er die Paprikaschote, entfernt die Samen, schneidet dünne Ringe und hackt diese fein. Dann zieht er die Zwiebel und die Knoblauchzehe ab und würfelt sie fein. Nun verrührt er den Joghurt, die Mayonnaise, die Zwiebel und den Knoblauch und schmeckt alles mit Salz, Pfeffer und mit den Kräutern ab.

Dann nimmt Bussi-Bär die Scheiben Roastbeef aus dem Kühlschrank.

Die Tomaten sollen nur 10 Minuten im Backofen garen. Deshalb zieht Bussi-Bär seine dicken Backofenhandschuhe an und zieht das Backblech heraus. Bussi-Bär nimmt die Tomaten von dem Backblech, stellt sie auf einen zuvor bereitgestellten Teller und schiebt das Backblech mit den Chef Frites wieder in den Backofen.

Das solltest du wissen:
Roastbeef stammt vom hinteren Rücken von einem Rind, und dieses Rindfleisch ist reich an Eiweiß. Eiweiß benötigst du zum Wachsen in deinen Kinderjahren, und das Eiweiß muß dir in genügender Menge durch pflanzliche und tierische Produkte zugeführt werden.

Nachdem die Chef Frites goldbraun gebacken sind, nimmt Bussi-Bär das Backblech aus dem Backofen, schüttet die Chef Frites in eine Schüssel und streut etwas Salz darüber.
Danach legt er je zwei Roastbeefscheiben auf einen Teller, setzt eine gebackene Tomate daneben und gibt drei Eßlöffel von der Joghurt-Mayonnaise-Sauce mit den Kräutern und die köstlichen goldbraunen Chef Frites dazu.
Dann garniert Bussi-Bär die Sauce mit Kräutern.

Kunterbunte Southern Fries

Karotten und Kohlrabi wachsen in dem Garten von Bussi-Bär. Jede Woche kauft Bussi-Bär sein anderes Gemüse und Obst auf dem Wochenmarkt. Und immer wäscht Bussi-Bär gründlich das Gemüse, so, wie er hier den Kohlrabi wäscht.

Bussi-Bärs Zutaten für vier Portionen:

1 Beutel McCain 1.2.3 Southern Fries (450 g)
4 ungespritzte Karotten
1 ungespritzter Kohlrabi
eine halbe Salatgurke
2 gelbe Paprikaschoten
einige Salatblätter zum Garnieren

Bussi-Bär entfernt das Grün von Kohlrabi und Karotten und schält das Gemüse. Er schneidet den Kohlrabi zuerst in Scheiben und danach in schmale Streifen. Die geschälten Karotten schneidet Bussi-Bär in lange Streifen.

Bussi-Bär wäscht die Salatgurke und schneidet die Hälfte in dünne Scheiben. Danach wäscht er die Paprikaschoten, halbiert sie und entfernt die Kerngehäuse. Die Paprikaschoten schneidet Bussi-Bär ebenso in dünne Streifen.

Bussi-Bär wäscht zuerst die Kräuter, die er für seinen Kräuter-Dip benötigt.
Danach hackt er die Kräuter fein.

Die Zutaten für Bussis Kräuter-Dip **Grüne Wiese** listet dir Bussi-Bär auf der nächsten Seite auf.

Bussi-Bär verrührt Crème fraîche mit dem Joghurt, rührt die gehackten Kräuter unter - Es sollten mindestens drei Eßlöffel Kräuter sein - und schmeckt den Dip mit Zitronensaft, Salz und Pfeffer ab.

Zutaten für den Kräuter-Dip *Grüne Wiese*:

150 g fettarmen Joghurt
100 g Crème fraîche
gemischte Kräuter: Petersilie,
                    Schnittlauch
                    und Dill
etwas Zitronensaft von einer ungespritzten Zitrone
Salz und Pfeffer zum Abschmecken

Bussi-Bär nimmt die McCain 1.2.3 Southern Fries aus dem Gefrierfach von seinem Kühlschrank, schüttet sie auf ein Backblech und bereitet sie nach Packungsanleitung zu.

Bussi-Bär breitet je zwei Salatblätter auf einem Teller aus und legt das vorbereitete Gemüse darauf.

Der vitaminreiche Schmaus ist angerichtet, und Bussi-Bär dipt die Gemüsestreifen in seinen Kräuter-Dip. Es schmeckt köstlich.

Das solltest du wissen:

Gemüse ist wichtig für eine gesunde Ernährung. Die besondere Bedeutung liegt in dem Gehalt der Ballaststoffe. Die Ballaststoffe sind für die Verdauungstätigkeit wichtig, und des weiteren sind wichtige Vitamine, Mineralstoffe und Spurenelemente im Gemüse vorhanden.

Die Kartoffel und Pommes frites, das knusprigste Gemüse der Welt

Die Heimat der Kartoffel

Die Kartoffel stammt aus den südamerikanischen Anden. Dort haben die Indianer die Kartoffeln vor mehr als 2000 Jahren angebaut. In dieser Gegend gibt es heute noch viele wildwachsende Formen der Kartoffel.

Die Geschichte des Kartoffelanbaus in Europa

Mitte des 16. Jahrhunderts brachten die spanischen Seefahrer die Kartoffel als Schiffsproviant von ihren Reisen nach Südamerika mit nach Europa. Anfangs wurde sie aber nur als Zierpflanze in botanischen Gärten gezüchtet.

In der zweiten Hälfte des 16. Jahrhunderts wurde die Kartoffel in Italien und in Südfrankreich bekannt, und auf der Grünen Insel (Irland) war die Kartoffel schon im 17. Jahrhundert eines der Hauptnahrungsmittel.

Bei uns setzte sich Friedrich der Große in der Mitte des 18. Jahrhunderts für einen intensiven Kartoffelanbau in Preußen ein. So hatten die Menschen nach dem Siebenjährigen Krieg (1756 bis 1763) genügend zu essen. Im 19. Jahrhundert wurde die Kartoffel bei uns zum Massennahrungsmittel.

Erst nach 1950 wurde der Wert der Kartoffel entdeckt. Bis dahin galt sie als Dickmacher und als Nahrungsmittel für die armen Leute. Heute wird sie immer öfter in Feinschmeckerküchen verwendet.

Die Kartoffelpflanze

Die Kartoffel gehört zu der Familie der Nachtschatten-
gewächse.
Ihre Blüten sind weiß, rot- oder blauviolett, je nach der
Sorte. Der Blütenstand der Kartoffel heißt Doldentrau-
be.
Aus dem Fruchtknoten der Blüte wachsen kleine grüne
Beeren. Sie sind ebenso wie alle anderen Pflanzentei-
le außer der Knolle giftig. Das enthaltene Gift heißt
Solanin.

Was ist die Kartoffelknolle?

Die Kartoffelknolle ist eine Sproßverdickung, und sie ist
kein Teil der Wurzel. Sie ist ein Nährstoffspeicher und
dient zur Vermehrung der Pflanze. An jeder Knolle
kannst du kleine Vertiefungen erkennen. Sie heißen
die Augen der Kartoffel. Das sind die Knospen, aus
denen sich die Triebe oder die Sprosse bilden, wenn
die Kartoffel in die Erde gelegt wird.
Die Triebe wachsen zum Licht. Haben sie die Erde
durchstochen und sind am Licht, dann färben sie sich
grün, und die gefiederten Laubblätter entwickeln sich.
In der Erde wachsen aus den Sprossen die Wurzeln
hervor. Die Wurzelhärchen nehmen Wasser auf, das
wird durch Wasserleitungsbahnen zu den Blättern
transportiert. Die Kartoffelpflanze ist nun voll ent-
wickelt, und sie kann sich selbst mit Nährstoffen ver-
sorgen. Vorher ernährte sie sich von den Speicherstof-
fen der Mutterknolle. Die Speicherstoffe werden Stärke
genannt. Nach und nach und bilden sich Ausläufer. Es
sind die fadenförmigen Seitensprosse, die Stolonen.
An ihren Spitzen entstehen Verdickungen, das sind die

Sproßknollen. In ihnen wird die Stärke gespeichert. Jetzt ist die Mutterkartoffel oder Saatkartoffel schlaff und runzelig.

Die Kartoffelsorten bei uns

In Deutschland gibt es ungefähr 132 Kartoffelsorten mit verschiedenen Reifezeiten und Eigenschaften.
30 von diesen Kartoffelsorten sind in ganz Deutschland verbreitet.
Die anderen Kartoffelsorten sind regionalbedingt.

Die Bedeutung der Kartoffel für die Ernährung

Der Gehalt an Nährstoffen in rohen Kartoffeln von je 100 g eßbarem Anteil:

Wasser	78	g
Kohlenhydrate	16	g
Ballaststoffe	2,2	g
Eiweiß	2	g
Fett	0,2	g

Diese angegebenen Inhaltsstoffe der Kartoffel schwanken je nach Sorte. Deshalb können in einer Nährwerttabelle auch unterschiedliche Angaben aufgeführt sein.

Das Eiweiß

Ein wichtiger Bestandteil der Kartoffel ist das Eiweiß. Es ist nur in geringer Menge vorhanden, wird aber von deinem Körper besonders gut verwertet. Es dient besonders zum Aufbau des Körpers, kann aber auch als Brennstoff gut verwertet werden.
Im Vergleich zu einer Kartoffel enthält die gleiche Menge Roastbeef neunmal soviel Eiweiß.

Das Fett in der Kartoffel

Das Fett ist nur in sehr geringen Spuren in der Kartoffel vorhanden. Dein Körper braucht nicht viel davon.
Die Fette haben trotzdem eine Aufgabe in deinem Körper zu verrichten. Sie sind notwendig für den Aufbau von Hormonen und Gallensaft.
Außerdem können manche Vitamine wie Vitamin A, D, E und K nur aufgenommen werden, wenn Fett im Darm vorhanden ist.
Das Fett wird zur Gewinnung von Kraft und Wärme genutzt.

Die Kohlenhydrate

Die Kohlenhydrate benötigt der Mensch als Brennstoff. In der Kartoffel ist hauptsächlich das Kohlenhydrat Stärke vorhanden.
Die Kohlenhydrate heizen den Körper und liefern die Energie zu seinem Betrieb.
Je nach Kartoffelsorte ist der Stärkegehalt unterschiedlich hoch. Er liegt zwischen 11% und 17 %.
Die Stärke der rohen Kartoffel ist fast unverdaulich. Erst durch das Kochen wird sie leicht verdaulich.

Die Ballaststoffe

Die Ballaststoffe können vom Körper nicht abgebaut werden. Sie sind aber wichtig für eine geregelte Verdauung.

Die Mineralstoffe

Viel **Kalium** ist in der Kartoffel vorhanden. Es sorgt dafür, daß deine Nieren vermehrt Wasser ausscheiden.

Calcium, Phospor und **Magnesium** sind die Grundmineralstoffe zur Festigung deiner gesamten Knochen und der Zähne.

Calcium ist in jeder Zelle vorhanden. Es ist auch nötig für die Blutgerinnung.

Natrium hat die Eigenschaft, das Wasser in deinem Körper zu binden.

Eisen ist wichtig für den Aufbau des roten Blutfarbstoffes, und **Fluor** ist wichtig für die Bildung des Zahnschmelzes.

Die Vitamine in der Kartoffel

Die Vitamine beeinflussen und regulieren die Stoffwechselvorgänge in deinem Körper. Besonders hoch ist der **Vitamin-C-Gehalt** in der Kartoffel.

500 g bis 600 g Kartoffeln decken deinen Vitamin-C-Bedarf für den ganzen Tag.

Aber merke dir:

Bei längerer Lagerung nimmt der Vitamin-C-Gehalt der Kartoffel langsam ab.

Das **Vitamin C** wirkt entzündungs- und blutungshemmend, und es stärkt deine Abwehrkräfte.
Vitamin A ist notwendig für deine gesunden Augen, Haut und Haare.
Der **Vitamin-B-Komplex** ist wichtig für deinen Stoffwechsel.
Vitamin E beeinflußt deine Zellatmung und den Aufbau deiner Muskulatur und die Funktion deiner Fortpflanzungsorgane.
Auch ist das **Vitamin K** in der Kartoffel vorhanden. Es steuert die Blutgerinnung.

Wie entstehen Pommes frites?

Die Herstellung von Backofen-Pommes in der Fabrik

Die Kartoffeln werden im Lastwagen vom Feld zur Fabrik transportiert. Im Winter sind die Lastwagen geheizt, um die Kartoffeln vor Frost zu schützen.
Die Lastwagen werden gewogen, und das Kartoffelgewicht wird errechnet.
Der Bauer wird je nach Menge bezahlt.

Danach wird jede Ladung geprüft. Die Kartoffelproben werden auf Qualität und Farbe untersucht. Kartoffeln mit der gleichen Farbe werden zusammen verarbeitet. In großen Kammern werden die Kartoffeln bis zur Weiterverarbeitung gelagert.

Fabrikationsschema von Pommes frites

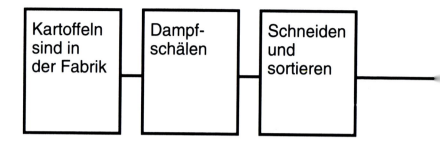

Bei der Lagerung der Kartoffeln ist eine regelmäßige Belüftung mit 95prozentiger Luftfeuchtigkeit und einer Lagertemperatur von 8 Grad Celcius notwendig. So werden die Kartoffeln frisch gehalten.

Sieben und Sortieren

Unter Wasser werden die Kartoffeln mehrmals gesiebt und sortiert. Dabei werden die Steine aussortiert.

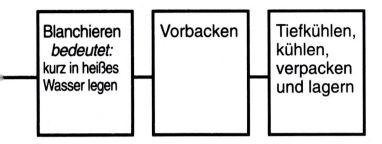

Das Schälen der Kartoffeln

Wenn die Kartoffeln sauber sind, werden sie in einen Dampfschäler gefüllt. Meist passen in den 700-Liter-Tank 280 Kilogramm Kartoffeln hinein.
Für die Kartoffeln ist es wie in einer Sauna.
Nach 20 Sekunden lockert sich die Schale durch den heißen Hochdruckdampf.

Dann kommen die Kartoffeln in eine Schälmaschine. Viele Rundbürsten schrubben die Schalen ab, die als Viehfutter verwendet werden.

In der Schälmaschine werden auch alle Augen, Druckstellen, Schälreste und verdorbenen Stückchen der Kartoffeln aussortiert.
Danach werden die Kartoffeln in große Wassertanks befördert und bis zur Weiterverarbeitung gelagert.

Die Kartoffeln werden geschnitten, und Pommes frites entstehen

In der Schneidemaschine werden die Kartoffeln geradegeschnitten, oder sie erhalten einen Wellenschnitt. Kleine Stücke und Randstücke werden aussortiert, und sie werden für andere Produkte verwendet.
Dieser Pommes-Schneider schneidet alle Kartoffeln in gleich große Stifte

Das Blanchieren der Kartoffelstäbchen

In langen zylinderförmigen Tanks werden die geschnittenen Kartoffelstäbchen blanchiert. Sie bleiben mehr als 15 Minuten in einem 95 Grad heißen Wasserbad. Die Temperatur hängt von der Sorte ab. Dadurch wird der Zuckergehalt vermindert und die Fettaufnahme gesenkt.

Die Kartoffelstäbchen werden gebacken.

Nach dem Blanchieren werden sie je nach der Kartoffelsorte in eine Zuckerlösung getaucht, damit die Farbe immer gleichbleibt. Das heißt, daß während der ersten vier bis fünf Monate einer neuen Saison den Kartoffelstäbchen Zucker zugefügt wird.

Damit die Pommes frites knusprig werden, wird ihnen in einem Heißlufttunnel das Wasser entzogen, und sie werden anschließend 10 bis 25 Minuten bei einer Temperatur von 90 Grad bis 125 Grad getrocknet.

Nach dem Trocknen werden sie gelüftet. Anschließend werden sie in heißem Öl vorgebacken. Meist benutzt man Erdnuß-, Kokos- oder Sojaöl.

Anschließend laufen die Pommes über ein Vibrationsband, und das überflüssige Fett wird abgeschüttelt.

Die Pommes werden gekühlt und verpackt

In einem Kühltunnel werden die Pommes zuerst vorgekühlt und danach bei minus 39 Grad ungefähr 20 Minuten lang eingefroren. Jetzt können die Pommes verpackt werden. Die großen Verpackungsmaschinen wiegen die unterschiedlichen Mengen ab und saugen sie in einen Folienschlauch. Dann wird der Beutel zugeschweißt und von der Rolle abgetrennt.

Golden Longs zu Bussi-Bärs gefüllten Champignons

Bussi-Bärs Zutaten für vier Portionen

8 große Champignons
4 mittelgroße Tomaten
20 g Butter
italienische Kräuter am besten tiefgefroren
etwas Salz und Pfeffer
20 g Sesam
8 Königsgarnelen
ein Achtelliter Brühe
1 Packung der 1.2.3 Golden Longs (450g)

Zuerst wäscht Bussi-Bär die Champignons, er putzt sie und löst die Stiele heraus. Die herausgelösten Stiele schneidet Bussi-Bär in Stücke und hackt sie anschließend fein.

Bussi-Bär entfernt die Stielansätze der

Tomaten, er wäscht sie gründlich, schneidet sie kreuzweise ein und legt sie in siedendes Wasser. Anschließend hebt er sie mit einem Löffel in ein Sieb und schreckt sie unter kaltem Wasser ab.

Die abgschreckten Tomaten nimmt Bussi-Bär aus dem Sieb und zieht die Haut ab.
Danach schneidet er das Tomatenfleisch in kleine Würfel.
Achte darauf, daß die Tomatenstücke nicht zuviel von ihrem köstlichen Tomatensaft verlieren.

Nun erhitzt Bussi-Bär die 20 g Butter in dem Topf und läßt darin die feingehackten Champignonstiele anschwitzen. Dann gibt er die Tomatenwürfel hinzu und schmeckt alles mit Salz, Pfeffer und den italienischen Kräutern ab.

Bussi-Bär füllt die leckere Masse in die acht
Champignons, verziert sie mit den Königsgarnelen
und bestreut alles mit Sesam.

Die gefüllten Champignons mit den Königsgarnelen setzt Bussi-Bär in eine feuerfeste Form, gießt den Achtelliter Brühe hinzu und läßt die Champignons mit der Füllung und den Königsgarnelen im Backofen zwanzig Minuten bei 180 Grad garen.

Hier zeigt dir Bussi-Bär seine gefüllten Champignons mit den Garnelen, ehe er sie in den Backofen schieben wird, damit du alles noch einmal deutlich erkennst. Auch hat Bussi-Bär die Champignons mit Dill verziert.

Während die Champignons im Backofen garen, bereitet Bussi-Bär die 1.2.3 Golden Longs nach Packungsinhalt zu.

Die roten Tomaten

Die Tomatenpflanze wurde ursprünglich von den Indianern in Mexiko und Peru angebaut. Nach der Entdeckung von Amerika wurde die Tomate als Zimmerpflanze zu uns nach Europa gebracht. Seit über 85 Jahren weiß man, daß die reifen roten „Beeren" der Tomatenpflanze gut schmecken. Sie sind reich an Vitaminen A und C

und somit sehr gesund. Die Tomatenpflanzen brauchen viel Wärme. Ende März werden die Tomatenpflanzensamen im Treibhaus ausgesät. Haben die Sämlinge zwei Keimblätter, werden sie jeweils in einen Topf gepflanzt.
Die Jungpflanzen wachsen und werden nach den letzten Nachtfrösten Mitte bis Ende Mai ausgepflanzt.
Am besten pflanzt du deine Tomatenpflanze an eine sonnige Stelle in deinem Garten.

Lecker und gesund:

Tomatensaft und Salat mit Tomaten und Gurken schmecken fein.

Die Tomatenpflanze trägt gelbe Blüten und große Früchte.

McCain 1.2.3 Chef Frites mit Tomaten-Potpourri

Bussi-Bärs Zutaten für vier Portionen:

700 g runde Tomaten
1 gelbe Parikaschote
1 Gemüsezwiebel
100 g durchwachsener Speck
1 Packung McCain 1.2.3 Chef Frites (750 g)
1 Eßlöffel Sojaöl
etwas Salz und Peffer
Paprikapulver
4 legefrische Eier
1 Bund Schnittlauch

Bussi-Bär befreit zuerst die Tomaten von den Stielansätzen, wäscht sie gründlich und schneidet sie oben kreuzweise ein. Er überbrüht sie in heißem Wasser, zieht die Haut ab und viertelt sie.

Nun wäscht Bussi-Bär die gelbe Parikaschote, befreit sie von dem Kerngehäuse und schneidet sie in kurze, dünne Streifen. Danach zieht er die Haut der Gemüsezwiebel ab und schneidet sie in Ringe.

Das Gemüse kannst du auch ohne Zwiebel kochen: Die meisten Kinder im Vorschulalter und im Grundschulalter mögen keine Zwiebeln. Deshalb kannst du das Tomaten-Paprika-Gemüse auch ohne Zwiebeln zubereiten.

Danach schneidet Bussi-Bär den Speck in Würfel und erhitzt die Speckwürfel mit dem Öl in einer Pfanne. Danach gibt Bussi-Bär das vorbereitete Gemüse hinzu und würzt es mit Salz, Pfeffer und Paprikapulver. Dann läßt er es acht Minuten in der Pfanne dünsten.

Nachdem das Gemüse acht Minuten gedünstet hat, drückt Bussi-Bär mit einem Löffel vier Mulden in das Tomaten-Parika-Gemüse. Dahinein schlägt Bussi-Bär die Eier auf und läßt sie stocken.

Nun ist dein Gemüse fast fertig.

Deshalb merke dir:

Ehe Bussi-Bär das Gemüse zubereitet, nimmt er die McCain 1.2.3 Chef Frites aus dem Gefrierfach und schüttet sie auf ein Backblech.

Bussi-Bär schiebt das Backblech mit den Pommes in den Backofen und bereitet sie genau nach Packungsanweisung zu.

Nachdem die Pommes zubereitet sind, hebt Bussi-Bär das Tomatengemüse mit je einem Ei auf einen Teller und bestäubt das Eigelb mit etwas Paprikapulver. Dann wäscht er den Schnittlauch, schneidet ihn in Röllchen und streut ihn auf das Paprikagemüse. Zusammen mit den 1.2.3 Chef Frites serviert Bussi-Bär sein Lieblingsgericht.

Guten Appetit!

Pommes frites sind gesund

Pommes frites sind das knusprigste Gemüse der Welt, und sie sind sehr gesund.

Warum?

Der Gehalt der Inhaltsstoffe ist bei Pommes frites doppelt so hoch wie bei den rohen Kartoffeln. Das liegt daran, daß bei der Verarbeitung zu Pommes frites den Kartoffeln das Wasser entzogen wird. Die fertigen Pommes enthalten je nach Sorte nur noch 36% bis 50% Wasser. Die rohe Kartoffel enthält 78% Wasser.

Um 100 g fertige Pommes zu erhalten, braucht man ungefähr 150 g bis 200 g rohe Kartoffeln. Entsprechend höher ist der Nährwertgehalt von Pommes. Das gilt auch für das Eiweiß.

Der Fettgehalt von Friteusen-Pommes

Die Kartoffelstäbchen nehmen bei der Verarbeitung zu Pommes frites etwas Fett auf.

Der Fettgehalt von Friteusen-Pommes beträgt 12 g bis 15 g je 100 g Pommes, das sind 12% bis 15%.

Der Fettgehalt der Backofen-Fritten

Die im Backofen zubereiteten Pommes frites enthalten dagegen nur etwa 6% bis 7% je 100 g Pommes, das sind nur 6% bis 7%, also die Hälfte, des Fettgehalts von Friteusen-Pommes.

McCain 1.2.3 Golden Longs mit Tomaten marinati

Spinat wächst im Garten von Bussi-Bär. Bussi hat ihn gerntet, und er wäscht gründlich den Spinat.

Bussi-Bärs Zutaten für vier Portionen:

400 g junger Blattspinat
1 Knoblauchzehe
3 Eßlöffel Olivenöl
600 g Flaschentomaten
400 g Mozzarella
2 Eßlöffel Pinienkerne
2 Eßlöffel Balsamicoessig
etwas Salz und grober Pfeffer
1 Packung McCain 1.2.3. Golden Longs von 450 g
1 Bund frisches Basilikum

Viele Vitamine sind im Spinat:

Salat, Gemüse und somit Spinat sind sehr gesund. Sie enthalten wichtige Nährstoffe, die unser Körper täglich braucht.
Von Frühjahr bis zum Herbst wachsen in Bussi-Bärs Garten vitaminreiches Gemüse und Salat.
Im August und September sind die Haupterntezeiten in Bussi-Bärs Gemüsegarten. Du ißt von dem Gemüse und von den Salaten verschiedene Pflanzenteile. So ißt du vom Kopfsalat, vom Weißkraut und vom Spinat nur die Blätter.
Beißt du in eine Tomate, ißt du die Frucht mit Samen.

Den gewaschenen Spinat verliest Bussi-Bär und blanchiert ihn. Danach zieht er die Knoblauchzehe ab, zerdrückt sie und dünstet den Spinat mit der zerdrückten Knoblauchzehe in einem erhitzten Eßlöffel Öl kurz an. Dann befreit Bussi-Bär die Flaschentomaten von den Stielansätzen und wäscht sie gründlich. Die Tomaten schneidet er in Scheiben und ebenso den Mozzarella.

Tomaten und Mozzarella legt Bussi-Bär schräg auf ein Backblech, so, wie er es dir hier zeigt. Den Spinat verteilt er stellenweise darauf und bestreut alles mit Pinienkernen.

Die McCain 1.2.3 Golden Longs nimmt Bussi-Bär aus dem Kühlschrank und schüttet sie auf ein Backblech.
Er bereitet seine Pommes wie immer genau nach Packungsanweisung zu. Danach schiebt er das Backblech in den vorgeheizten Backofen.

Nun rührt Bussi-Bär eine Marinade mit dem restlichen Olivenöl und dem Balsamicoessig an und würzt sie mit Salz und Pfeffer. Diese Marinade träufelt er über die Tomaten mit dem Mozzarella und dem Spinat.
Er läßt das Gemüse auf dem Backblech 10 Minuten ziehen.

Bussi-Bär schiebt 10 Minuten vor Ende der Garzeit das marinierte Gemüse mit dem Mozzarella in den Backofen.

Während Gemüse und Pommes garen, wäscht Bussi-Bär das Basilikum und zupft die Blättchen ab.

Die Pommes und das Gemüse sind fertig, und Bussi-Bär zieht seine Backhandschuhe an und zieht das Backblech aus dem Backofen.
Bussi-Bär schüttet die Pommes in eine Schüssel und streut etwas Salz darüber.

Das solltest du immer beachten:

Öffne nie alleine die Tür von deinem Backofen.
Deine Mami oder dein Papi soll immer bei dir stehen.
Fasse niemals ein Backblech
ohne Backhandschuhe an.

Bussi-Bär serviert die 1.2.3 Golden Longs und das Gemüse auf einem Teller.
Die Basilikumblättchen arrangiert Bussi-Bär auf dem Gemüse.
Pobiere einmal zu der Erntezeit der Tomaten dieses leckere Gericht, und serviere deine Lieblingspommes oder die beliebten McCain 1.2.3 Golden Longs dazu.

McCain 1.2.3 Frites mit grünen Tomaten und allerlei Dips

Bussi-Bär wäscht gründlich die Salatgurke und schält sie. Dann bereitet er seinen **Tsatsiki-Dip** zu. Bussi-Bär raspelt die geschälte Salatgurke auf einer Rohkostraspel, zieht die Knoblauchzehen ab und zerdrückt diese. Dann verrührt er Gurkenraspeln, Knoblauch, und die Hälfte vom Joghurt und der sauren Sahne.

Bussi-Bärs Zutaten für vier Portionen:

2 Becher fettarmer Joghurt zu je 150 g
1 Becher saure Sahne (200 g)
eine halbe Salatgurke
4 Knoblauchzehen
der Saft einer halben ungespritzten Zitrone
3 Schalotten
etwas Salz und Pfeffer
je ein Bund Dill und glatte Petersilie
ein Bund Schnittlauch
etwas Zucker zum Abschmecken
800 g grüne Tomaten
2 legefrische Eier
2 Eßlöffel Olivenöl
100 g geriebener Parmesan
1 Packung McCain 1.2.3 Frites (750g)

Für den **Gartenkräuter-Dip** zieht Bussi die Schalotten ab und würfelt sie fein. Er wäscht die Kräuter, hackt sie, verrührt beides mit dem restlichen Joghurt und der sauren Sahne und schmeckt alles mit Salz, Pfeffer, Zucker und Zitronensaft ab.

Bussi-Bär entfernt die Stielansätze der Tomaten, wäscht sie und schneidet sie in Scheiben, und er würzt beide Seiten mit Salz und Pfeffer.

Bussi-Bär zerquirlt die Eier, wendet die Tomatenscheiben zuerst in Ei und danach in Parmesan. Dann brät er sie in erhitztem Öl rundherum ungefähr zwei Minuten an.

Die McCain 1.2.3 Frites bereitet Bussi-Bär nach Packungsanweisung im Backofen zu und serviert sie mit den panierten Tomaten zu den Dips.

Gebackener Feta-Käse mit 1.2.3 Frites

Bussi-Bärs Zutaten für vier Portionen:

400 g Feta
50 g Mehl
1 legefrisches Ei
50 g Paniermehl
je 1 Bund Petersilie und Schnittlauch
250 g Quark
3 Eßlöffel Milch
etwas Salz und Pfeffer
4 Fleischtomaten und 1 Frühlingszwiebel
1 Eßlöffel Öl
1 Packung McCain 1.2.3 Frites (750 g)

Bussi-Bär schneidet den Feta in Portionsstücke wendet ihn zuerst in Mehl und dann in Ei und backt ihn etwa 10 Minuten in der Friteuse.

Bussi-Bär entfernt die Stiele der Fleischtomaten, wäscht sie und schneidet sie in dünne Scheiben. Die geputzte Frühlingszwiebel schneidet Bussi in Ringe und fügt sie zu den Tomatenscheiben. Dann wäscht er Petersilie und Schnittlauch und hackt die Kräuter fein, verrührt sie mit Quark und Milch und schmeckt alles mit Salz und Pfeffer ab.

Die 1.2.3 Frites bereitet Bussi-Bär nach Packungsanweisung zu und richtet sie zusammen mit dem Feta-Käse, dem Kräuterquark und dem Tomatensalat auf einem Teller an.

Bussis Frühlingstraum mit Hühnerbrüstchen und Pommes

Bussi-Bärs Zutaten für vier Portionen:

4 Hühnerbrüstchen, etwa 320 g
etwas Salz, Pfeffer und Paprika
2 Eßlöffe Öl
200 g Ricotta
je 1 Bund Radieschen und Schnittlauch
5 Eßlöffel Senf und 3 Eßlöffel Sahne
1 Knoblauchzehe
1 Staude Chicorée und 1 kleiner Kopf Radicchio
50 g Feldsalat
1 Avocado
1 Packung McCain 1.2.3. Frites (750 g)

Bussi-Bär wäscht die vier Hühnerbrüstchen,
trocknet sie ab und würzt sie mit Salz, Pfeffer und
etwas Paprika.
Danch erhitzt Bussi-Bär Öl in einer Pfanne
und brät die Hühnerbrüstchen von beiden Seiten
etwa 15 Minuten.

Bussi-Bär schneidet den Ricotta in kleine Würfel. Dann putzt er die Radieschen, wäscht sie und schneidet sie in kleine Scheiben. Den Schnittlauch putzt und wäscht Bussi auch, schneidet ihn in Ringe und vermengt alles mit der Sahne und dem Senf. Bussi zerdrückt den Knoblauch, gibt ihn dazu und schmeckt alles mit Salz und Pfeffer ab.

Bussi-Bär putzt und wäscht den Feldsalat, den Chicorée und den Radicchio.

Bussi-Bär schält die
Avocado, entfernt den
Kern und schneidet
das Fruchtfleisch
in Spalten.

Die McCain 1.2.3 Frites
bereitet Bussi-Bär nach
Packungsanweisung im
Backofen zu.

Die gebratenen Hühnerbrüstchen schneidet
Bussi-Bär in Streifen.

Die Pommes frites sind goldbraun gebacken, und Bussi-Bär richtet die Hühnerbrüstchenscheiben mit den Blattsalaten und den Avocadospalten sowie dem vorbereiteten Ricotta mit der Senf-Sahne-Sauce auf einem Teller an.

Guten Appetit und viel Spaß beim Kochen der köstlichen Pommes-frites-Gerichte wünscht Bussi-Bär allen seinen Freunden.